NOTE

sur

L'ORIGINE

DES COMTES HÉRÉDITAIRES DE BARCELONNE

ET D'EMPORIAS-ROUSSILLON.

MONTPELLIER.

IMPRIMERIE DE PIERRE GROLLIER, RUE BLANQUERIE, 1.

1851

DÉDIÉ

A

DON PROSPERO DE BOFARULL,

ARCHIVISTE GÉNÉRAL DE LA COURONNE D'ARAGON,

AU CRÉATEUR

DE LA VÉRITABLE HISTOIRE DE CATALOGNE.

HOMMAGE DE LA PLUS HAUTE ESTIME!

Cette note, autographiée il y a long temps pour quelques amis, n'était pas destinée à l'impression ; elle s'écartait trop des idées admises pour ne pas m'inspirer quelque défiance ; elle s'est évanouie à la lecture de l'excellente *Histoire des comtes de Barcelonne*, quand j'ai vu nos études arriver aux mêmes résultats : vous, dans votre bel ouvrage, appuyé sur les documents inédits de vos riches archives de la couronne d'Aragon ; moi, dans cette modeste note basée sur les chartes de nos recueils imprimés.

Perpignan, juin 1851.

NOTE

SUR

L'ORIGINE

DES COMTES HÉRÉDITAIRES DE BARCELONNE

ET D'EMPORIAS-ROUSSILLON.

Les chroniqueurs du XIVᵉ siècle, surtout ceux du XVᵉ, voulant, à tout prix, ne pas laisser de lacunes dans leurs récits des premiers temps de l'illustre famille de Barcelonne, ont créé un imaginaire Wiffred, seigneur de Ria, en Roussillon, père du Wiffred Iᵉʳ que signalent de nombreuses chartes; ce dernier, ils l'ont surnommé *le Velu;* ils lui ont fait une histoire romanesque d'amours, de gloire et de combats. La critique a peu à peu démoli tout cela, mais n'a rien mis à la place. Nous essayerons de combler ce vide. Quelques détails, inutiles en apparence, ont pour but de rectifier, sans les signaler, des erreurs accréditées.

Ces études justifieront que la maison comtale de Roussillon est étrangère à celle de Barcelonne.

CHAPITRE PREMIER.

AVANT LE CAPITULAIRE DE KIERSY.

I. Le joug imposé par les Arabes aux Chrétiens des Espagnes n'était pas en réalité aussi doux qu'on s'est plu à le dire; aussi l'émigration fut immense continue; elle suffit à repeupler les déserts que des guerres sans fin et sans pitié avaient faits dans les pays appelés plus tard Languedoc et Catalogne, tant de fois pris et repris par les Francs et par les Arabes. Moines et nobles, suivis de leurs esclaves et de leurs affranchis, abandonnant biens et patrie, fuyaient la servitude imposée à la religion, et venaient obtenir de la généreuse politique de Charlemagne et de ses fils des terres, une patrie nouvelle.

Ces nobles, ces religieux Wisigoths étaient à peu près assimilés aux Francs : comme eux, ils combattaient les ennemis de la France ; ils en étaient récompensés, comme eux, par des concessions de terres à perpétuité ou à vie.

Comme les autres peuples soumis au sceptre de Charlemagnes, ils conservèrent leur loi *personnelle;* ils restèrent soumis au code wisigothique comme les Francs à leur lois, comme les Gallo-Romains de la Septimanie à la *loi romaine* (*lex romana*), dite plus tard bréviaire d'Anianus.

Cette diversité des législations, signalant de nationalités diverses, nous aidera à déterminer de quelles races sortaient les comtes de Roussillon et ceux de Barcelonne : certaines dispositions usuelles du code wisigothique étant inconnues aux lois des autres peuples (note 1re).

II. Du nombre des nobles Wisigoths exilés pour leur foi fut sans doute Borrel, que Charlemagne gratifia, en fief viager, du lieu de Fontcouverte, non loin du monastère de La Grasse (alors N.-D. d'Orbieu). (L. I, ch. 46.) (a).

(a) Ayant à citer à tout moment les chartes données dans la *Marca hispanica* et l'*Histoire de Languedoc,* nous les indiquerons par une seule lettre et le numéro de la charte.

L. I, 46. — *Hist. de Languedoc,* t. Ier, charte 46e.

M. 46. — Appendix de la *Marca hispanica,* charte 46e.

Hist.., t. VI, p.   . — *Collection des histoires de France,* éditée par Don Bouquet et ses continuateurs, t. VI, p.   .

Cap. 2, 10. — *Capitulaires* édités par Baluze, t. II, charte 10 de l'appendix.

Rien ne prouve que ce Borrel soit le même que celui que Louis, roi d'Aquitaine, sous son père Charlemagne, donna pour comte, en 798, aux Wisigoths, dont il repeuplait la cité d'Auzone et une ligne de châteaux à la frontière des Maures (2); mais on peut le présumer. Nous verrons, en effet, son fils recevoir, enfant, ce lieu de Fontcouverte, revenu au fisc par la mort de Borrel : les services importants du père avaient pu seuls obtenir au fils ce riche don que sa jeunesse n'avait pas mérité encore.

Remarquons d'ailleurs que ce nom de Borrel, si rare dans l'histoire, est commun dans la lignée de Barcelonne.

Ce fils de Borrel avait reçu, comme lui, au baptême, un nom wisigoth, *Sunifred* (3). On peut conjecturer que son enfance, comme celle de tant d'autres jeunes nobles, fut élevée à l'école (*statio*) du monastère de La Grasse; son amitié pour cette maison éclata bientôt par de riches dons.

III. Cependant les armes de Charlemagne agrandissaient peu à peu le cercle des possessions chrétiennes en Espagne ; Barcelonne reçut enfin les chrétiens dans ses murs vers 801. (*Chr. de Barcelonne*, etc.) Comme à Auzone, Louis lui donna pour la défendre contre les Sarrazins un comte wisigoth, Béra, et une garnison de Wisigoths.

Dès ce moment fut attribué au comte de Barcelonne un pouvoir supérieur sur les comtes de la Septimanie et de ses Marches; il porte le titre de duc ou de marquis.

Les garnisons données à Barcelonne et à Auzone, souvenir peut-être des *milites castellani* de Rome, étaient fort différentes des nôtres; les hommes qui les formaient habitaient leurs maisons dans l'enceinte de ces villes ou à l'entour, exerçaient les divers états nécessaires à la vie de la société, et ne prenaient les armes qu'à l'appel du comte. (M., ch. 134.) Il y a deux siècles à peine, il restait en Catalogne et en Roussillon un souvenir vivant de ces garnisons dans les *recollectæ* des divers châteaux royaux. Au premier signal, les paysans de chaque *recollecte* (réunion) devaient se rendre en armes au fort dont ils dépendaient.

IV. Les conquêtes des Francs en Catalogne, les remparts relevés d'une ligne de cités et de châteaux, le grand nombre de chrétiens, Wisigoths presque tous, repeuplant rapidement les marches de Septimanie protégées par ces remparts, le mauvais succès des derniers combats avait refroidi l'audace des Arabes; ils essayèrent, vers 798, une guerre nouvelle. Lançant contre les chrétiens les flottes qu'Abdérame avait créées vers 772 pour défendre l'Espagne menacée par les Africains, ils portèrent la ruine et l'esclavage sur les côtes de la France et de l'Italie.

A cette agression nouvelle, Charlemagne se hâte de répondre par d'immenses armements; ses flottes sillonnent la Méditerranée; il protége par des châteaux et des tours, les ports et l'entrée des fleuves; pour régulariser ces moyens de défense, il partage les côtes de France en trois comtés ou marches maritimes : Provence, Narbonnaise, Septimanie. (Eginhard, *Vie de Charlemagne*, ch. 17, *Annales d'Aniane*, etc.)

Le dernier de ces commandements comprit les comtés d'Emporias et de Peyralade et la partie maritime du diocèse d'Elne, qui retint le nom de comté de Roussillon; le reste de ce diocèse, la partie montagneuse, fut partagée entre les comtés de Bésalu et de Cerdagne; le premier prit le Haut-Valspir, qui forma la vicomté de Castelnau; le second le Conflent, qui n'eut jamais de famille vicomtale (4).

La capitale du comté maritime de Septimanie fut Emporias, relevée de ses ruines par les Francs.

Depuis ce moment, le Roussillon n'eut plus de comte particulier jusques au partage fait deux siècles après, par Gottfred, comte d'Emporias-Roussillon, entre ses fils.

On ignore si Peyralade en avait eu depuis l'expulsion des Arabes.

Préposés au commandement d'une marche maritime, les comtes d'Emporias portent parfois le titre de Marquis, ce qui les a fait confondre avec les Marquis, gouverneurs-généraux de la Septimanie, auxquels ils étaient soumis sous certains rapports.

V. Les années s'écoulent, et, tandis que le comte d'Emporias vengeait, en 812, par une victoire maritime célèbre, les dévastations de l'Italie, Bera, comte de Barcelonne, gouverneur-général, accusé de trahison, est vaincu en combat judiciaire et exilé (an. 820).

Aïzo et une foule de seigneurs Wisigoths le furent avec lui. Borrel, comte d'Auzone, n'est point nommé; sans doute il était resté fidèle.

Dès ce moment, la haine de races qui séparait les Francs des Wisigoths, éclata dans la Marche hispanique par des troubles, des guerres civiles incessantes, qui ne finirent qu'au jour où le parti le plus nombreux écrasant le plus faible, les Wisigoths en restèrent seuls maîtres : cette heure est encore loin.

Au wisigoth Béra on fit succéder un comte Franc, le fameux Bernard. Franc, il favorisa peu les Wisigoths, qui se révoltent à la voix d'Aïzo et des autres exilés qui avaient fui du lieu de leur exil ; ils appellent les Arabes à leur secours, et, en 826, les comtés d'Auzone, de Manrésa et de Berga furent, après une guerre acharnée, perdus pour la France.

VI. On peut conjecturer que Borrel, comte d'Auzone, périt, fidèle à la France, dans l'un de ces combats, car, en 829, une charte de Louis-le-Pieux donne à son fils Sunifred, le village de Foutcouverte revenu au fisc par sa mort. (L. I, 46.) (5).

Sunifred était sans doute bien jeune encore, la charte ne lui donne aucun titre; il ne tarda point à en obtenir : dès l'année 839, on le voit, comme comte d'Urgel, assister à la consécration de la cathédrale de cette ville. (M. 1.) (*b*).

A une date qui nous est inconnue, Sunifred épousa Ermessinde, fille de Bellon (6). (M. ch. 39.)

Quel était ce Bellon ? La haute position de Sunifred dit assez qu'il ne s'allia qu'à une noblesse égale à la sienne.

(*b*) Il faut y lire 26e année de Louis, et non pas 6e.

Dans ces temps-là, à la fin du VIIIe siècle ou au commencement du IXe, le comté de Carcassonne était confié à un Bellon (7), et, après lui, à son fils Gisclafred (L. I, ch. 53 et 16); on ne peut guère douter qu'Ermessinde était fille de ce Bellon, si l'on considère l'étroite parenté qui unissait les maisons de Barcelonne et de Carcassonne (L. 1, ch. 99); quand on voit ces deux familles posséder en commun l'ancien comté de Razès (*Ibid.*), et se le partager vers 872, alors que la Septimanie ayant été divisée par Chartes-le-Chauve en deux gouvernements généraux, celui de Toulouse et celui de Barcelonne, Carcassonne et ses dépendances furent compris dans le premier, tandis que le reste de la Gothie et ses marches étaient soumis à Barcelonne (8).

VII. Comme les autres nobles, Sunifred avait combattu, conquis des honneurs et des domaines. En 839 (M. 1), il est comte d'Urgel ; en 843 (M. 15), l'Empereur, en récompense de ses services, lui donne de vastes possessions : Prades en Conflent (comté de Cerdagne), Canoues en Roussillon, la Val d'Andorra au comté d'Urgel ; Montclianos, Zencurrio, etc.

Riche de tous ces biens, Sunifred s'empresse d'en faire une part au monastère de La Grasse; il lui donna Prades et le hameau de Matha qui en dépendait. (Preuves, N° 1.) Sa femme Ermesinde figure avec lui dans cette concession. (*Ib.*)

Par des actes inconnus, il lui donna encore Canoues, Monclianos et Zencurrio. (Preuves, N° 2.)

Est-il concevable que tant de générosité eût oublié le monastère de Cuxa, alors déjà florissant, si Ria (*Arria*), qui touche à ses terres, eût été le berceau de la famille de Sunifred ? S'il avait passé au château de Ria sa vie ignorée, comme le dit la vie romanesque rêvée par les chroniqueurs au père de Wiffred-*le-Velu*, qu'ils appellent aussi Wiffred au lieu de Sunifred?

VIII. Le comte Sunifred poursuivait sa carrière. On le retrouve en 858 gouvernant la province d'Espagne comme lieutenant-général d'Humfrid, alors duc ou marquis de la Gothie et de ses marches. On lit, en effet, dans le récit que nous a laissé Aymoin de la translation des reliques de saint Vincent (*Acta Sanc. Bened.*, sec. 4, p. 1a), qu'Humfrid, alors dans son château de Baune, en Bourgogne, donna aux religieux qui allaient chercher ces reliques une lettre pour Sunifred, le *premier après lui* (9). Quinze ans plus tard, il était le premier.

En 863, Humfrid se soulève; vaincu après quelques succès, il fuit en Italie et disparaît (*Ann. de saint Bertin, sur l'an* 864.)

Les comtes de la Gothie et des Marches ne l'avaient pas suivi dans sa rébellion ; on les retrouve en place après la ruine d'Humfrid : ainsi, Salomon est comte de Cerdagne en 865 (Preuve, N° 1), comme il l'était vers 850 (*Acta Sanc. Bened.*, sec. 4, pars. 1ª, p. 643); Sunifred est toujours comte (Preuve, N° 1), et bientôt il succéda au pouvoir d'Humfrid, mais en partie seulement.

IX. En 817, la trop vaste puissance du duc de Toulouse avait fait couper son gouvernement en deux : le duché de Toulouse et le marquisat de Gothie ; la rébellion d'Humfrid fut suivie de la même mesure de défiance ; la Gothie fut subdivisée. Bernard, en 865, n'en obtint qu'*une partie*. (*Ann. de saint Bertin, sur l'an* 865.) Le siège de son commandement fut fixé à Narbonne.

On peut conjecturer que, dans le même temps, l'autre partie du gouvernement de Gothie fut donnée au comte Sunifred, qui, dès 858, commandait à Barcelonne comme lieutenant-général du marquis Humfrid.

Comment la Gothie et ses Marches furent-elles partagées entre les deux gouverneurs-généraux? entre Bernard, duc à Narbonne, et Sunifred, marquis à Barcelonne? Les historiens sont muets, mais les faits parlent, et disent que les Pyrénées ne formaient point la ligne divisoire : le Conflent, le Haut-Valspir et Fenouillèdes appartenaient au gouvernement de Barcelonne; les comtés d'Emporias et de Peyralade à celui de Narbonne.

1° Le Conflent était une dépendance du comté de Cerdagne :

l'Empereur le dit en termes formels dans une charte de 871 au profit de saint André d'Exalate *en Conflent*, *in confinio Cerdaniæ Marchiæ nostræ* (Dacheri, t. 1er, p. 871 de l'édition in-f°) ; aussi voyons-nous Salomon, comte de Cerdagne, tenir un plaid en Conflent, en 869, en présence d'Eldesindus, qui en était le vicomte (*Capit. de Baluze*, t. II, ch. 98) ; aussi Miron Ier, qui remplaça Salomon au comté de Cerdagne, en tient un autre à Vernet de Conflent en 874 (M. ch. 34), etc.

Le *Haut-Valspir* dépendait du Bésalu en 869 ; cette année, Rodulfe, qui en était le comte, fait obtenir de nouveaux domaines à l'abbaye d'Arles qui y est située. (M. ch. 30 et 110.)

2° Les comtés d'Emporias, de Peyralade et de Roussillon, ne formant qu'un seul commandement, étaient, au contraire, du gouvernement de Bernard, duc ou marquis de Narbonne, puisque Isimbert, son *missus* ou délégué, tient un plaid à Villa Tagnana (La Roca), au Bas-Valspir, comté de Roussillon, en 875 ou 876. (L. I, ch. 101 ; Cap. 2, ch. 104 ; M. ch. 35.)

Du reste, c'est ainsi partagées que nous trouvons la Gothie et ses Marches, après que le capitulaire de Kiersy (an. 877) aura irrévocablement, héréditairement fixé la limite de ces deux grands fiefs.

CHAPITRE II.

PREMIERS COMTES HÉRÉDITAIRES DE LA MARCHE HISPANIQUE ; DERNIÈRE LUTTE ENTRE LES FRANCS ET LES WISIGOTHS, ENTRE LES MAISONS DE BARCELONNE ET D'EMPORIAS-ROUSSILLON.

X. A la vue des marquis de Barcelonne, hier officiers de l'Empereur, aujourd'hui souverains, les chroniqueurs Catalans ont rêvé des explications étranges de ce grand fait historique de la fin du IXe siècle qu'ils ne comprenaient point ; il s'explique tout simplement par l'hérédité de ces hautes fonctions assurée par le décret de 877: l'hérédité du pouvoir en fait bientôt l'indépendance.

En réalité le capitulaire du Kiersy ne faisait que sanctionner légalement un fait déjà accompli dans les mœurs de la nation, dans les usages de la Cour; mais il lui donna une force immense.

Cette hérédité était née de la faiblesse des successeurs de Charlemagne, de la puissance des Ducs et Gouverneurs de province, développée au milieu des guerres civiles de la famille impériale; mais elle avait déjà son germe dans l'organisation donnée à l'Empire par Charlemagne, dans le large pouvoir qu'il avait été contraint d'attacher à ces fonctions pour remplacer une centralisation générale encore impossible (10).

Dès que la main puissante du grand Empereur ne pesa plus sur leur ambition, ces gouverneurs, abusant d'une puissance confiée, aspirèrent à se la faire indépendante. Les marquis de Barcelonne arrivèrent des premiers au but, favorisés par leur éloignement du siége de l'Empire, par leur isolement au-delà des Pyrénées.

XI. En 874, ce gouvernement est encore aux mains de Sunifred, une charte de cette année parle de lui comme vivant (M. 34) (c); nous conjecturons qu'il ne mourut que vers 878.

Il est la tige, le premier des Marquis, comtes héréditaires de Barcelonne.

Sa femme Ermessinde lui survécut; on la voit figurer le jour des Kalendes de décembre 884 (M. 56), avec ceux de ses fils restés dans le monde, à un don au profit du monastère depuis peu renouvelé de Cuxa.

Elle mourut apparemment à la fin de 887 ou au commencement de 888, car au mois d'avril (ou de mai, il y a lacune à la charte) de cette dernière année, l'abbaye de La Grasse obtenait de ses six enfants la confirmation du don de Prades que lui avait fait jadis Sunifred. (L. I, 112 (11.) Il est naturel de penser que cette confirmation fut sollicitée et accordée peu après le décès d'Ermessinde,

---

(c) ..... *Genitore seniore nostro....* dit un de ses fils; il y aurait *quondam* si Sunifred eût été mort.

qui avait eu des droits à ce domaine, conformément à la loi gothique.

Cette charte donne le nom des enfants de Sunifred et d'Ermessinde.

1º *Sezenande*, inconnue d'ailleurs.

2º *Sunifred*. La charte ne lui donne aucun titre, bien que premier né apparemment puisqu'il est nommé le premier; il était donc moine, et le même que le moine de ce nom que nous retrouverons plus tard.

3º Le comte Wiffred (12).

4º Le comte Miron.

5º Le comte Rodulfe.

La charte porte le seing de Chixilannes (ou Quixillo M. 56) femme de Miron; celle de Wiffred fut Widinille (Guinidille, Guinezelles, etc. M. 45, 46, 51, etc.), fille d'un Seniofred, du comté d'Emporias (charte donnée par le ch^e. Ripoll); celle de Rodulfe, Radlinde. (L. II, 30).

XII. Les trois fils de Sunifred restés dans le monde se partagèrent sa puissance.

Wisfred l'aîné, succéda au marquisat, aux comtés de Barcelonne et de Gironne comme à un héritage, en vertu du capitulaire du Kiersy, ou du droit commun déjà établi auparavant.

Il avait de plus le comté d'Urgell dans son domaine; une charte de 873 peut faire présumer qu'il en était dès-lors investi. (L. I, 99.)

A Miron et à Rodulfe restèrent les comtés de Cerdagne et de Bésalu qu'ils gouvernaient depuis quelques années.

Miron, en effet, avait succédé dès 871, (*Gal. chr. Dio. d'Elne*, ch. 5) à Salomon, devenu comte du palais, *missus* du Roi (*ibid*, ch. 8); le même Salomon apparemment que les romanciers et les chroniqueurs Catalans font comte de Barcelonne, détrôné et assassiné par Wiffred Ier.

Rodulfe, vicomte de Bésalu en 850 (M. 21), en était devenu comte plus tard. Les chartes, il est vrai, ne lui donnent que le titre vague de comte (L. 1. 112, etc.), une seule indique assez clairement qu'il commandait sur le Bésalu et le Haut-Valspir, c'est l'épître de Jean XIII au monastère d'Arles (968) où le pape énonce que ce monastère, situé dans le Haut-Valspir, avait été restauré par le frère du grand'père d'Oliba Cabréta; ce grand'père d'Oliba était Wiffred Ier, le frère dont parle le Pape ne peut-être que Rodulfe, puisque nous savons que son autre frère, Miron, commandait en Cerdagne (M. 110).

Ainsi, à la mort de Sunifred, ses enfants gouvernaient la Marche hispanique presque tout entière; les comtés d'Emporias et de Peyralade manquaient seuls à son ambition, au midi des Pyrénées.

Ces comtés formant, unis au Roussillon, la Marche ou comté maritime d'Emporias, faisaient partie du gouvernement de Bernard duc de Narbonne, dont le *missus* y rendait la justice en 875 (L. I, 101) et se trouvaient, en 878, on peut du moins le conjecturer, sous les ordres particuliers du comte Suniaire; le premier acte où il est nommé n'est toutefois que de 884 (Cap. 2, 118);

Ce Suniaire que l'on a voulu rattacher à la famille Wisigothe de Barcelonne lui est étranger: la guerre acharnée que lui firent peu après le comte Miron et ses frères le démontre. Il était Franc, comme le disent son nom et ceux de ses descendants Gottbert, Gottfred, Girar, Ugo, etc.

XIII. Quel que fût le comte particulier d'Emporias-Roussillon, ces pays, partie du duché de Narbonne, excitèrent en 878 l'ambition du marquis Wiffred et de ses frères. La haine que portaient aux Francs les Wisigoths restés dans ce duché, devait faciliter leur entreprise, favorisée par la guerre civile qui déchirait la France.

Profitant de l'absence de Bernard, duc de Gothie et de Narbonne, qui avait amené dans le Berry les hommes de son gouvernement, enhardis par la loi d'hérédité des fiefs qui portait déjà ses fruits naturels, le comte Miron et le moine Sunifred, échappé de son couvent, se liguent avec Lindoin, vicomte de Narbonne, révolté contre le duc Bernard, et fondent sur le Roussillon. La trahison des Wisigoths leur livre des châteaux; ils s'emparent des monastères, en chassent les abbés Francs et les donnent à des Wisigoths. (*Epî.* 102 de Jean VIII ; t. Ier des concile de Labbe.) (13).

On peut conjecturer que le comte Rodulfe attaquait en même temps les Francs dans le comté d'Emporias, et que, par sa glorieuse défense, Gottfred, fils du comte Suniaire qui y commandait, conquit le surnom de *héros triomphant*, que lui donne son épitaphe conservée jadis à Emporias.

Pressés de toutes parts, abandonnés par le duc Bernard, Suniaire et les Francs auraient succombé dans cette lutte inégale ; ils furent sauvés par un événement imprévu.

La faiblesse du gouvernement qui avait enhardi Miron et les Wisigoths s'étendait à tout l'Empire, à Rome comme en Roussillon. Chassé par les petits tyrans qui désolaient l'Italie, le pape Jean VIII chercha un refuge en France; son premier soin fut d'y calmer partout la guerre civile. Dès son arrivée, il commande la paix aux Wisigoths ; il menace. (*Ib.*, ép. 101 et 102.) Miron se retire, Sunifred se cache dans son couvent; et le comté d'Emporias-Roussillon reste aux Francs et à Suniaire. Il y commande paisiblement en 884. (Capit. 2, 118.)

Conclue sous les auspices de l'Eglise, cette paix ne fut de long temps troublée. Contents de leurs parts de la Gothie, Francs et Wisigoths respectèrent celle de leurs voisins. Dès ce moment, l'histoire des deux familles comtales de Barcelonne et d'Emporias n'a plus rien de commun pendant près d'un siècle.

Commençons par celle de Barcelonne.

CHAPITRE III.

MAISON DE BARCELONNE.

XIV. Wisfred Ier *(le Velu)*, poursuivant une carrière de sainte gloire, reprend aux Sarrazins les comtés que leur avait jadis livrés la trahison d'Aïzo, et les réunit à son domaine. Ce n'était déjà plus qu'un titre vain que la suzeraineté de la France sur ce puissant vassal.

Par la mort de ses deux frères, ce domaine se grossit plus tard des comtés de Bésalu et de Cerdagne.

Miron Ier n'était plus le jour des ides de mars 895. Ce jour là ses *aumôniers* (exécuteurs testamentaires), distribuaient ses legs pieux. (Recueil manuscrit des chartes de Fossa.)

Radulfe vivait encore en 904 (L. II, 30); on ignore l'époque de sa mort, voisine de cette date, puisque Wiffred Ier, mort en 907, lui succéda. La veuve de Radulfe se dit veuve en 917 (L. *ib.*, 30); il laissa un fils, Oliba, qui paraît avoir été moine à La Grasse (*ib.*), qui, du moins, ne lui succéda pas.

Wiffred Ier mourut vers la fin de 907. (M. 63, où on lit ... *nuper a quondam Wiffredo....*)

Son héritage embrassait tous les comtés de la Marche hispanique, à l'exception de ceux d'Emporias et de Peyralade, et, de plus, au nord des Pyrénées, les vicomtés de Conflent, du Haut-Valspir et de Fenouillèdes : ce dernier érigé, peu de temps après, en comté.

XV. Wiffred laissa trois fils pour héritiers.

1º *Borrel*, qui prit le nom glorieux de son père, Wiffred, en arrivant au pouvoir (14) : il épousa Garsinde (M. 64, 72), et fut le 3e marquis, sous le nom de Wiffred II.

2º *Suniaire*, mari de Richilde (M 80, etc.) : il était comte d'Urgel avant la mort de son père.

3º *Miron*, mari d'Ava (M. 76, etc.) : il gouvernait la Cerdagne dès avant 908. (M. 63.)

Il n'est pas douteux qu'il eut, pour sa part de l'héritage paternel, les comtés de Cerdagne et de Bésalu, les trois vicomtés qui en dépendaient : nous en verrons ses fils investis.

La famille de Barcelonne se divisa dès-lors en deux branches : comtes de Barcelonne, marquis; comtes de Cerdagne et de Bésalu.

§ 1er.

Comtes de Barcelonne, Marquis.

XVI. Wiffred II, 3e marquis, ne fait que passer au pouvoir ; dès le 1er décembre 911 (M. 64). Sa veuve Garsinde et ses autres aumôniers distribuent les legs faits par sa piété. Il ne laissait qu'une fille, la vicomtesse Richilde (M. 72) ; ses comtés et le titre de marquis passent à Suniaire, déjà comte d'Urgel. (M. 64.)

XVII. Suniaire, 4e marquis, était si bien fils de Wiffred 1er et de Winidille, frère de Borrell (Wiffred II), qu'il l'énonce en termes exprès dans une charte de 944 (M. 81) ; il régnait encore en 953 (L. II, 83). Plus tard, suivant un usage commun parmi les descendants de Wiffred 1er, il cacha ses dernières années à l'ombre d'un cloître, laissant la couronne de marquis à ses fils.

Il en laissait trois : Miron, qui lui succéda, Borrel, et un Armengaud, mort dans les combats sans descendance : il n'est pas la tige de cette suite de comtes d'Urgel, tous du nom d'Armengaud. (*Esp. sag.*, t. 43, p. 131).

On ne sait point en quelle année Miron, 5e marquis, remplaça son père ; déjà en décembre 955, il prend le titre de marquis (*ib.* p. 136). Le nom de sa femme est inconnu comme sa vie ; en décembre 963, on le trouve encore comte et marquis ; au mois de juin suivant, son frère Borrel, marquis après lui, fait des dons pour le repos de son âme (M. 103).

XVIII. Ce Borrel, 6e marquis, recevait jeune encore, en 947, à Gironne, le titre de *Prince de comté* (M. 84, (15), et ne devait pas démentir plus tard cette arrogance. Il usurpe en 972 le titre de duc de Gothie (M. 112) ; si l'orgueilleux n'ose pas encore se dire seul Roi de la Marche hispanique, il s'empare de tous les droits de la souveraineté. Comme légitime héritier des empereurs Francs, il se présente en 979, en suzerain du comté de Bésalu (M. 126) ;

enfin, en 985, cruellement pressé par les armes des Sarrazins maîtres de Barcelonne, il sollicite ardemment les secours de la France, mais y renonce plutôt que de souscrire à l'acte de vasselage exigé par le roi Hugues (*Hist.*, t. 10, p. 393); rompant ainsi les derniers et faibles liens qui l'attachaient à la France, liens qui ne furent rappelés entre St-Louis et Jacques le *conquistador* que pour en délier la Catalogne pour toujours.

Borrel soutint noblement par son courage les usurpations de son orgueil. A la tête de ses vassaux qu'il ennoblit, il recouvra seul sa capitale et repoussa l'infidèle.

Il testait en 993 (M. 141), laissant deux fils.

1º Raymond, mari d'Ermessinde (M. 159, 173, etc.), 7ᵉ marquis.

2º Armengaud, comte d'Urgel, tige de la 3ᵉ branche de la famille de Barcelonne.

Inutile de poursuivre plus loin une histoire qui marche dès-lors appuyée sur des monuments authentiques nombreux.

§. II.

Comtes de Cerdagne et de Bésalu.

XIX. On a vu que Miron, fils de Wiffred 1ᵉʳ et mari d'Ava, eut pour sa part d'héritage les comtés de Cerdagne et de Bésalu, avec leurs dépendances; son règne obscur s'éteignit dès avant 937 (M. 73); sa veuve ne mourut qu'en 962. (M. 97 et 98.)

Il laissa quatre fils: Sunifred, Wiffred, Oliba, Miron. (M. 127, etc.)

XX. L'aîné, Sunifred, succéda d'abord seul à ses dignités; une charte de 937 (M. 73.) lui donne le titre de comte, et le refuse à Wiffred, simple envoyé de son frère, bientôt comte comme lui; Oliba et Miron étaient bien jeunes, le dernier attaché aux saints autels comme lévite.

Sunifred et Wiffred possédèrent leurs comtés presque en commun ; on voit cependant par les chartes, qu'un partage avait attribué la Cerdagne et ses dépendances à Sunifred ; Bésalu, à Wiffred (M. 90, etc.), que chacun d'eux gouvernait plus spécialement.

Ils ne furent mariés ni l'un ni l'autre, du moins le nom de leurs femmes est inconnu ; aucun ne laissa de postérité. Ils avaient adopté, associé au pouvoir leur jeune frère Oliba, mari d'Ermessinde. (M. 143.) Dès 941, Oliba prend le titre de comte. (M. 76.) C'est cet Oliba que les chroniques ont surnommé *Cabréta*.

L'avarice et la tyrannie de Wiffred excitèrent, vers 964 (Gispert et autres), une sédition à Bésalu ; ce comte est tué dans sa fuite ; mais Sunifred reconquit Bésalu sur les rebelles et le gouverna en personne ; la Cerdagne était confiée à Oliba.

Bien différent de Wiffred, Sunifred consacra sa vie à faire le bien ; presque tous les monastères de la Marche hispanique et du comté de Fenouillèdes se ressentirent de ses bienfaits. (M. passim.) Par son testament de l'année 966, il donne ses alleux de Bésalu à Miron, ceux de Cerdagne à Oliba. (M. 104.) Il semble avoir partagé de son vivant ses comtés entre ses deux frères en se réservant une part d'autorité (M. 124) ; Oliba eut la Cerdagne et ses dépendances, Berga, le Conflent et Fenouillèdes ; Miron, qui fut plus tard évêque de Gironne (M. 120), prit le comté de Bésalu et le Haut-Valspir ; il porte le titre de comte dès 968 (M. 106, 107, etc.), mais il signe modestement : *Miro lévite*.

Sunifred vivait encore en 977 (M. 124) et mourut peu avant juillet 978. (*Esp. sag.* t. XLIII, p. 345.) Dès ce moment l'autorité de Miron fut entière, mais bientôt troublée.

Borrel de Barcelonne, comme si le titre de marquis l'eût fait succéder au pouvoir du roi de France, marcha en armes sur la ville de Bésalu pour s'en emparer, tout au moins pour y établir sa suzeraineté et y élever un fort. Dans une charte de 979, Miron a consacré sa reconnaissance envers le Ciel qui le délivra. (M. 126.)

L'évêque-comte Miron mourut vers 984 (M. 132) ; Oliba réunit en ses mains tous les domaines de Miron II ; mais alors déjà cette âme ardente, tout à Dieu, tout aux remords, s'inquiétait peu des grandeurs, de la fortune ; vers 988, Oliba allait éteindre sous les cloîtres du Mont-Cassin cette vie agitée, si mêlée de guerres, de piété, de pillage et de repentir. Quelques-uns le font mourir en 990, il est plus vraisemblable qu'il fit, cette année-là, profession religieuse.

XXI. Oliba laissa quatre fils ; deux se partagèrent ses Etats.

1º Wiffred, mari de Wisla ou Guisla (M. 160, etc.) puis d'Elisabeth (M. 214), eut la Cerdagne et ses dépendances. (M. 160.)

2º Bernard, mari de Tota (M. 143), régna sur le comté de Bésalu, le Haut-Valspir et Fenouillèdes. (M. 338 et 342.)

3º Bérenger eut l'évêché d'Elne. (M. 143.)

4º Oliba, resté quelque temps dans le monde, monta plus tard sur le siége épiscopal d'Auzonne. (M. 201.)

Wiffred et Bernard laissèrent descendance ; leurs petits états ne se réunirent plus qu'aux mains des comtes de Barcelonne, héritiers de tous.

L'histoire des successeurs de Wiffred et de Bernard est connue ; passons aux comtes d'Emporias.

CHAPITRE IV.

COMTES HÉRÉDITAIRES D'EMPORIAS-ROUSSILLON.

XXII. — Suniaire, mari d'Ermengaude (M. 70), commandait aux comtés réunis d'Emporias-Peyralade-Roussillon, lorsque le capitulaire de Kiersy consolida en ses mains l'hérédité de son gouvernement, du moins les chartes nous le montrent-elles gouvernant ces trois comtés, notamment celle de 889, par laquelle, à sa demande, le roi Eudes confirme à l'abbaye de St-Polycarpe les biens qu'elle possédait dans les trois comtés de Suniaire, Roussillon (Ellenensis), Peyralade et Emporias.) L. 2, 9.) Il vivait encore en 913. (*Art de vérif. les dates*, t. 2. p. 339.) La date de sa mort flotte en 913 et 916.

De quelle race était Suniaire ? On l'ignore : il apparaît tout à coup comme maître des trois comtés ; l'origine de sa fortune est inconnue. Est-il Franc ou Gallo-Romain ? On l'ignore. Wisigoth, il ne l'était pas; son nom et celui de ses descendants indiquent un Franc : Suniaire, Gottbert, Gottfred, Girar, Ugo, etc. (16).

Cependant on a cru pouvoir le rattacher à la famille wisigothe de Barcelonne, c'est une erreur; en voici quelques preuves, on pourrait facilement en élargir le cercle.

1° Les noms des comtes d'Emporias-Roussillon sont tous Francs, ceux de la famille de Barcelonne, Wisigoths (17).

2° Dans 60 ou 80 chartes publiées de ces derniers, on les voit donner à l'Eglise, à charge de prier pour tous leurs parents vivants ou morts, dont ils font une longue nomenclature ; Suniaire d'Emporias ni ses descendants n'y sont jamais nommés.

3° Dans tous les actes de la famille de Barcelonne, les femmes stipulent avec leurs maris à raison de leur *dixième;* jamais dans ceux des comtes de Roussillon.

4° Au plaid de 1019 (M. 181), Hugo, comte d'Emporias, offre le combat judiciaire admis chez les Francs ; la comtesse de Barcelonne le refuse, « parce que la loi gothique n'ordonne pas de « faire décider le procès par une bataille. » Cette bataille est, au contraire, stipulée en 1128 sur un discord entre Pons Hugo, comte d'Emporias, et le comte innommé de Roussillon, bien que ce dernier soit absent, parce qu'ils sont Francs tous deux. (M. 375.)

5° On ne trouve pas une charte des comtes de Roussillon datée de l'*œra* espagnole ; cette manière de dater est fréquente dans les actes de la maison de Barcelonne.

XXIII. Suniaire laissa quatre fils :
Bencion, mari de Gotllane (M. 66) ;
Gottbert, mari de Trudegarde (M. 67);
Helmerade et Wadalde. (M. 65 et 70.)

Les deux premiers régnèrent conjointement; Helmerade et Wadalde occupèrent successivement le siége d'Elne. (M. 70.)

Bencion survécut à peine à son père (M. 65); Gottbert régna seul.

Son long règne fut paisible; il est inconnu du moins, comme le Xe siècle presque tout entier. Gottbert semble n'avoir eu d'enfant que Gottfred, mari d'Ava. (Cap. 2, 144.) Déjà comte en 939, il prend le titre de son triple comté à l'acte de consécration de Sainte-Marie de las Abiliares : *C^{es} gratia Dei Emporitarum et Petralatensis et Rossilionis.* (Art de vérif., etc.)

Il régnait encore en 990 (M. 140), et mourut peu après. (*Art de vérif.*, etc.) Deux de ses fils, Hugo et Guilabert, se partagèrent ses états; le troisième, Suniaire, mort avant 990 (M. 140.), avait tenu le siége d'Elne.

XXIV. Hugo, l'aîné, prit Emporias et Peyralade (M. 181); Guilabert, le Roussillon, qui recommença à former un comté indépendant et distinct.

Le pouvoir seul fut partagé; il semble que les domaines et les droits utiles, une partie tout au moins, restèrent long temps indivis entre les frères. (M. 158, 202, etc.)

Des guerres, des procès sans fin entre Hugo et les comtes de Barcelonne, prouvent mieux que tout le reste qu'aucun lien de famille ne les unissait. (M. 190, Taverner, etc.)

Guilabert, au contraire, paisible maître du comté renouvelé de Roussillon, se hâta de s'y créer une capitale, en appelant sur son alleu de Perpignan, par la liberté promise aux serfs, par de larges priviléges à tous, les populations d'alentour.

NOTES.

(1) Remarquez surtout la loi 5, tit. 1er, liv. 3 de ce Code.

L'époux, après un an de mariage, pouvait donner à son épouse, comme gage d'estime, le DIXIÈME de ses biens. Cette permission était passée en coutume; nous trouvons, dans tous les actes privés des comtes de la famille de Barcelonne, les femmes stipuler, conjointement avec leurs maris, pour des biens propres à ceux-ci, à raison de *leur dixième :* ces comtes étaient donc Wisigoths.

Dès avant 865 (Pr., N° 1), la comtesse Ermessinde donne par indivis l'alleu de Prades dont son mari, Sunifred, a été gratifié par l'empereur ; en 843 (M. 15), Wiffred 1er et sa femme Winidille, etc., etc.....

Grand nombre de ces actes énoncent que l'épouse ne figure à l'acte qu'à cause de ce dixième ...... *per meum decimum.* (Actes de 944 (M 80), de 1020 (M. 186), de 1024 (M. 197), etc.)

(2) L'astronome (*Hist.*, t. VI, p.   ) ne dit point positivement que Borrel était Wisigoth, mais on doit le présumer : une garnison wisigothe demandait un gouverneur wisigoth. Plus tard, c'est le Wisigoth Béra que le même roi Louis met à la tête de la garnison wisigothe de Barcelonne.

(3) *Sune*, concorde; *fried*, paix, d'après Grotius. Une charte (M. 15) lui donne le nom de *Sicfrid*, qui a le même sens : *sisc*, solide ; *fried*, paix.

(4) On ne saurait guère douter qu'avant la formation de la marche maritime d'Amporias, le diocèse d'Elne et la comté de Roussillon avaient les mêmes limites; plusieurs documents l'indiquent, surtout pour le Valspir.

C'était, du reste, une règle générale en France; chaque diocèse formait un comté. Dans la Septimanie et la Marche d'Espagne, certains diocèses comprenaient plusieurs comtés entiers; celui d'Elne seul était ainsi morcellé.

(5) On ne connaît point de frère à Sunifred, mais seulement une sœur, Eylon, nommée dans une charte de son fils, Wiffred Ier, de 888 (M. 40), où Wiffred appelle Eylon... *amita sua*, c'est-à-dire, sœur de son père.

(6) On ne peut douter qu'Ermessinde était fille d'un Bellon, puisque, dans cette charte, Miron Ier, comte de Cerdagne, fils de Sunifred et d'Ermessinde parle de son *grand-père Bellon*, et que nous savons, d'autre part, que son grand-père paternel s'appelait Borrel. (L. I, 46.)

(7) L'historien de Languedoc l'appelle *Dellon*; une lecture plus attentive des chartes a fait lire Bellon, nom fort commun chez les Wisigoths, tandis que Dellon ne se trouve dans aucune.

(8) Depuis un temps inconnu, les comtes de Cerdagne possédaient, au nord des Pyrénées, outre le Conflent, des *droits*, indivis avec les comtes de Carcassonne, sur l'ancien comté de Razès, qui se subdivisait en deux *pagi* ou vicomtés : Razès et Fenouillèdes. (L. I, ch. 56.) Nous voyons, en effet, Béra Ier, comte de Cerdagne, fonder, vers 813, dans le comté de Razès, doter le monastère d'Aleth (L. I, ch. 17); plus tard, vers 870, les comtes de Cerdagne et de Bésalu, Wiffred et Miron, dotent, en commun avec les comtes de Carcassonne, Oliba et Acfred, l'église de Formiguère, pour le repos de l'âme de leurs parents communs... *parentum nostrorum*. (L. I, ch. 99.)

En quel temps se fit le partage de cet ancien comté de Razès? Nous pensons que ce fut en 872.

Il est vraisemblable, en effet, que Charles-le-Chauve ayant définitivement annexé, cette année-là, au marquisat de Toulouse les comtés de Carcassonne et de Razès (*Carcassonam et Rhedas*) (*An. de saint Bertin, Hist.*, t. Ier, p. 114), tandis que la Gothie forma un gouvernement séparé, dont dépendait la Cerdagne, les comtes de Cerdagne et de Carcassonne, qui n'appartenaient plus au même gouvernement, se partagèrent ce comté indivis de Razès, le *pagus* de Fenouillèdes restant à la Cerdagne, celui de Razès proprement dit à Carcassonne.

Plus tard, ce *pagus* de Fenouillèdes fut titré de comté.

Il est très-vraisemblable que le comté de Razès, compris dans le diocèse de Narbonne, avait été formé aux dépens du comté de cette ville ; quand en fut-il séparé?

Est-ce vers l'an 800, lorsque Charlemagne créa les trois comtés maritimes de Provence, de Narbonne et d'Emporias? Fit-il du diocèse de Narbonne comme de celui d'Elne? Cela est fort possible ; mais cette séparation datait peut-être de plus loin ; peut-être du temps où le roi Wamba enleva jadis le Razès au diocèse de Narbonne, pour le donner en commun, ou le partager, à ceux d'Elne et de Carcassonne.

Après qu'il eut écrasé la rébellion des Gallo-Romains de la Gaule gothique, vers 680, il organisa ses Etats. On voit par les limites données aux diocèses d'Elne et de Carcassonne qu'ils se touchaient ; que Wamba leur avait partagé le Razès, enlevé au diocèse de Narbonne (peut-être pour en punir l'archevêque), par une ligne passant par *Angera*, localité inconnue aujourd'hui (Daguire, *Conc. hisp.*, t. II, p. 306); et on ne peut guère douter que ce territoire fut en même temps attribué aux comtés de Ruscino et de Carcassonne.

En 791, il est vrai, un concile tenu à Narbonne condamna, au profit de l'archevêque de cette cité, Wenedurius, évêque d'Elne, qui réclamait pour son diocèse cette portion du Razès que Wamba lui avait attribuée (L. I, 6); mais cette décision, toute de police ecclésiastique, put n'avoir aucune influence sur la division politique et administrative, et le Razès demeurer aux deux comtés qui le possédaient, partagé ou indivis. Quand Charlemagne détacha le Conflent du Roussillon, le Razès en fut séparé aussi.

(9) On a pensé que Sunifred n'était que vicomte de Barcelonne, mais cela n'est point possible. Nous l'avons vu comte d'Urgel en 839 ; il était comte encore en 865 (Preuve, N° 1); il l'était donc aussi en 858. Nous pensons qu'il l'était de Gironne, qui ne cessa point, après lui, d'être annexée au comté de Barcelonne ; d'où le premier né des souverains de Barcelonne a souvent porté le titre de Prince de Gironne.

(10) Développons cette pensée.

Charlemagne, ce vaste génie qui a tout deviné, tout mis en pratique, comprit que la centralisation, l'unité de vues, était le seul moyen d'amalgamer en un seul corps les provinces, les royaumes que lui avait légués son père, ou conquis par ses Francs. Une centralisation régulière, générale, où tous les fils du gouvernement, même les plus déliés, viennent se réunir aux mains du pouvoir central, est impossible sans routes, sans postes (Rome impériale l'avait bien compris), surtout dans un empire composé de divers peuples à législations différentes, à intérêts divers, à divers langages, hostiles l'un à l'autre. Charlemagne suppléa à la centralisation réelle par une centralisation fictive; il partagea son empire en grandes fractions confiées à des mains dévouées, ou qui devaient l'être, ses fils, ses parents, ses fidèles. Ces rois, ducs ou marquis, élevés à son école, imbus de ses idées, investis de tous ses pouvoirs, façonnaient les peuples à l'uniformité qu'ils venaient étudier chaque année auprès du grand homme dans les réunions du Champ de Mai, aux Conciles, si multipliés par ses soins.

De plus, des ducs, des comtes du palais, de savants hommes d'église (*missi*), revêtus des pleins pouvoirs de l'empereur, parcouraient incessamment les provinces pour veiller à l'uniforme exécution des lois.

Mais cette machine, admirable dans ses nombreux rouages, pour en serrer tous les ressorts, pour tout maintenir en place, il fallait la main puissante de Charlemagne. Une fois cette main glacée par la mort, le lien qui unissait tout se relâcha. Ce qui avait fait la force, l'unité de l'empire, en prépara la ruine et la dislocation ; une fois le pouvoir central avili par ses crimes, affaibli par les guerres civiles, il ne resta plus dans les provinces de cet ordre admirable qu'une chose : des lieutenants-généraux revêtus de pouvoirs immenses.

Caressés tour à tour par les compétiteurs à l'empire, auxquels ils appartenaient tour à tour par des partages toujours refaits, toujours à refaire, ducs, marquis, simples comtes devaient nécessairement s'emparer pour eux-mêmes d'un pouvoir qui se concentrait dans leurs mains par les déchirements de l'empire. Aussi, dès 832, les gouvernements étaient presque des propriétés qu'on se disputait légalement devant l'assemblée générale de la nation : plus tard ce sera les armes à la main. A la diète de Crémieux, les ducs Bernard et Béranger plaidèrent celui de la Septimanie (L'astronome).

De cet état de choses à l'hérédité, le pas est aisé à franchir ; et l'hérédité, c'est l'indépendance.

(11) Cette charte est datée : *Anno quo obiit Karolus imperator*. Nous pensons qu'il faut l'entendre de Charles-le-Gros, car Ermessinde était morte lors de cette charte, et vivait encore en 885. (M. 56.) On ne peut donc pas la dater de la mort de Charles-le-Chauve (878). Cette charte, N° 56 M., est datée *anno 1° quo cœpit regnare rex Carolus*, ce que Baluze a traduit par : *l'an 898*, ce qui n'est pas admissible. Cette charte est de 885, qu'il s'agisse de Charles-le-Gros ou de Charles-le-Simple.

(12) Le moine de Ripolls (*Gesta com. Bar.*, ch. 2), donne à Wiffred le surnom de *Velu*, *Pilosus;* on ne le trouve dans aucun ancien monument, pas plus que celui de *Cabreta* dont il a accompagné celui d'Oliba de Cerdagne, ch. 5 et 7. Pour les temps anciens, cette chronique mérite peu de confiance.

(13) L'imprimé l'appelle *Humfrid*, mais c'est une erreur de copiste. On sait combien les mots *Sunifrid* et *Humfrid* se ressemblent dans la minuscule catalane de certaines époques, l'H ayant la forme d'un S alongé, comme dans l'écriture allemande.

(14) Les chartes lui donnent indifféremment le nom de Borrel ou celui de Wiffred. (M. 64, 72, 80, 81, etc.) Ainsi, par la charte 81, son frère Suninaire donne, en 914, pour le repos de l'âme de son père le comte Wiffred ; de sa mère la comtesse Winidille ; de son frère le comte *Borrel...* tandis que le même l'appelle, en 934, (M. 71)... son frère *Wiffred*.

On peut conjecturer que son nom primitif était Borrel, d'après le préambule de la charte (vraie, supposée ou interpollée) de Charles-le-Chauve, qu'on lit dans Condé (*Histoire des anciens comtes de Barcelonne*, liv. II, ch. 4). « Hoc est exemplar præcepti transtatum in civitate « Barchinonæ, in anno 1º quo obiit Odo rex, tempore domini Borelli « comitis, filii quondam Wiffredi, *ejusdem nominis nuncupati.* »

(15) Ce titre de prince n'emportait pourtant pas l'idée relevée qu'on y attache aujourd'hui ; une charte de 1043 le donne à un vicomte : *Nobilissumus princeps.* (*Esp. sag.*, t. XLIII, p. 361.)

(16) *Sunher* (*Sun*, soleil ; *her*, brillant) Suniaire.
Gottbert (*Gott*, Dieu ; *bert*, splendeur), splendeur de Dieu.
Gottfred (*Gott*, Dieu ; *fred*, paix), paix de Dieu, etc.

(17) D'après Grotius (historiens italiens de Muratori) en langue gothique,
Sunéfred (*Suné*, concorde ; *fred*, paix.
Sicfrid (*Sisc*, ferme ; *fred*, paix).
Sunerich (*Suniarius*) *Suné*, concorde ; *rich*, puissant) puissant par la concorde.
Raymond (*Rich*, puissant ; *mund*, parole), puissant par la parole.
Miron (*Mir*, mon ; *on*, homme), etc.

PREUVES.

N° 1.

SENTENCE AU PROFIT DE LA GRASSE (an. 865).

Prise sur l'original mutilé et, par supplément, sur un cartulaire du 17e siècle malheureusement très-fautif. (Archives de Prades, Pyrénées-Orientales.)

Cum resideret Salomon comis in Castrum sci Stephani, una cum Saroardo seu et judices qui jussi sunt causas audire, dirimere vel judicare, id est : Castelanum, Fedantium, Trasbadum, Godmare, Mirone, Scluane, Recaredo, Mancione, Absalon, Auricum, Odalballum, Audbertum, Witizanum, Waichfredum saionem ; seu in presentia Fridisclus abba, Eldeberto abba, Amancio presbitero, Candigone p°, Wucifario p°, Gondefredo p°, Alarico p*, Audesindo p°, vel aliorum multorum bonorum hominum qui in ipso judicio residebant; ibique veniens homo nomine Longobardus in eorum judicio mandatarius Andedate abbate in reclamatione dicens : Jubete me audire, honorabiles comes et judices, quia talem vilarem qui dicitur mata, qui est in valle Confluentana infra fines dicte ville Prata super alveum Tede, dum retineret jamdictus Andedatus ipsum vilarem Mata, per vocem Eliane abbate antecessoris ejus, qui ipsum vilarem edificaverat, proprietarius per donum Seniofredi comitis ad proprium, cum omnes fines suos et ajacencias illorum, et per preceptum regis Karoli ; sic venit iste Saroardus et abstulit nobis ipsum vilare Mata et absque judicio ; at cui ego voce prosequero. Cumque nos comes, judices talem clamationem Longobardi audissemus, interrogavimus jamdicto Saroardo quit ad hec responderet. Et ille in suo responso dixit: ipsum vilarem, qui dicitur Mata, ego cum prendidi de potestate de Andedate abbate, vel de suos monacos, et numquam debet esse proprius ipse vilare Mata de monasterio sce Marie, sct partibus regis eum retineo. Nam nos judices cum tale responso Saroardo audissemus, interrogavimus Longobardo causilicum si abebat cartas donationis ad ipsas villas Prata et Mata, sicut reclamasti, quod Suniofredus comis eas dederat ad domum sancta Maria, monasterio qui situs est infra comitatu Narbonense et Carcasense, super fluvio Urbione. Sed ille presentavit, obtulit ipsam cartam donationis quod Seniofredus comes fecit, cum sua uxore Ermessinda, de jamdictas villas Prata et Mata ad proprium. Ad hec nos judices cum audissemus ipsam cartam legentem et relegentem, et resonabat ibidem Prata et Mata cum terminis et limitibus earum et cum omnes ajacencias earum, seu eclesias, cum domibus, curtibus, ortis, arbores pomiferos, oliveta, fontibus, pratis, pascuis, silvis, garricis ad proprium ad domum sce Marie, quam vocant Crassa, vel ad ipsos monacos qui ibidem militant, propter remedium anime illorum; et ibidem ostendit preceptum regis Karoli quod fecit ad Suniofredum comitem de ipsas villas Prata et Mata supradictas ad proprium; cumque nos judices talis rei veritatem audissemus, et cognovimus de justicia de Longobardo causilico, precepimus ei ut dedisset testimonia ante nos, sicut fecit, quia ipsum proprium cum sua testimonia cognitum abuissent viros onorabiles et circum manentes homines qui ante nos hoc testificaverint, vel in ecclesia sci Stephani martiris xpi juraverunt dicentes, que sita est in castrum qui nuncupatur sci Stephani; et nomina testium hec sunt, id est: Trasemirus, Ilarem, Witizano, Calastus, Illeric, Bonissimus, Resenandus, Speraindeo, Amancius, Albemirus, Sancius, Ermosindus, Mengus, Auriolus, Arroco, Candiganus, Scabiles, Eles, Wistrillus Awencius. Quia nos super scripta testes scimus, et bene in veritate sapiemus, et occulisque nostris vidimus, et depresentes eramus quando venit Suniofredus comis in villa Prata, et ostendit ibidem preceptum regis Karoli quod illo dignatus est facere propter suam mercedem de villa Prata et Mata, cum omnes fines suos et ajacencias suas ; sic vidimus ipsum preceptum, et audivimus relegentem, et vidimus ipsas villas Prata et Mata abentem et possidentem ad proprium, cum omnes suos fines, sicut ipsum preceptum regale resonat; et cum retinuisset ipsas villas cum suos fines, tradidit eas ad domum Sce Marie que vocatur Crassa, et ad ipsum abbatem Eliano vel ad suos monacos, qui ipsum monasterium militant ; et per quem ipse abbas retinebat per cartam donationis ipsas villas ; sic, nos videntes, venit Elias abbas et traduxit ibidem homines ad abitandum per beneficium suum, in locum ubi dicitur Mata, his nominibus : Eldesindus, Daconus, Illericum, Attilanem aut ceteros pares illorum, et nos qui hoc testificamus; et sic edificavimus ipsam villam Mata, et fecimus ibidem domos, curtes, ortos cum suos arbores, molendinos, per beneficium jamdicto Eliane abbate, cum suo adjutorio, in ea vero ratione ut servitium exinde illi fecissemus ad domum Sca Maria monasterium ; et ipsum beneficium........ Ipsam villam Mata de apenditione Prata et de monasterio Sca Maria sic Suniofredus comes dederat per cartam donationis ad proprium ; quam dictus Saroardus qui eam retinebat pro partibus Salomonis Comitis, per causa Regis et beneficii, et contra lege contendit ipsa villa Saroardus ; et ea que testificamus, recte et veraciter testificamus super in x^o juramentum in domino. Lata Condictio ista sub die idus Marci anno XXV regnante Karulo rege. Saroardo, qui hunc juramentum recepisset, abebat ipsa carta donationis in vinculo, qui ad disrumpendum venisset, et conposuisset ipsas villas in duplo quantum eo tempore immelioratas fuerint. Cumque nos judices tali condicione ante nos firmata esse videremus, provisimus in lege Gotorum et invenimus in libro V, articulo 1°, era prima, ubi dicitur de donationibus ecclesiis datis : si famulorum meritis juste compellimur debite compensare lucra mercedis, quanto copiosius, pro remedium animarum, divinis cultibus et terrenum debemus inpendere et inpensa regum soliditate servare? Qua propter quecumque res Sanctis Dei basilicis aut per principum aut per quorumlibet fidelium donationem conlate reperiuntur, votive ac potencialiter pro certo censemus ut in ea jura inrevocabili modo legum ternitate firmentur. Iterum invenimus in alia lege infra corpore (1) ubi dicitur : jam vero quod a die hujus late legis vel tempore, quicumque pontificum de his, qui a fidelibus indicte ecclesie testata vel collata esse noscuntur, aliquid exinde abstulerit, suo quod viri vel ecclesie principali amplificaverit, seu cuicumque persone quolibet modo quodcumque tale conseserit, sit nulla temporum longevitate securum; ut, juxta permissum ordinem, quandocumque et per quocumque talia fuerit commisisse detectum, ea ipse que presumpsit, una cum legitima satisfactione, re propria illi eclesie cui tulit .... reformare quogendus est, et, in omni integritate, ea que presumpsit, ecclesie cui tulit restituat. Et reperimus in alio loco : hæc igitur lex, non solum pro rebus quod in ecclesiis absolutis vel diocesanis conlata sunt observabitur, sed sub generale in rem omnium ecclesiarum id est monasteriorum virorum quam etiam feminarum, omni modo institutione, implebitur..... et invenimus in lege, quomodo Karolus rex dedit ipsos alodes Prata et Mata ad Suniofredo comiti, pariter ille dedit ad beneficium; sic lex gotorum (2) commemorat : donationes regis seu potestatis que in quibus personis conferuntur vel conlate sunt, in eorum jure persistant in quorum nomine eas potestas contulerit regia, ea videlicet ratione, ita ut hujus modi regalis magnificentie conlatio attributa in nostris, ei, qui promeruit, transfusa permaneat, ut quitquit de hoc facere voluit, judicare voluerit, potestatem in omnibus abeat. Tunc nos judices, quum hec in tanta Lege invenissemus, et in testimonio Longobardi venissemus, precepimus ei ut ipsos testes, qui ante nos testificaverunt, ante nos venire fecisset, sicut et fecit, et ipsos terminos sine dilatatione nobis monstrare sicut

---

(1) Je n'ai pas trouvé cette loi du *corpus* (droit romain).

(2) *C. Wis.*, liv. V, tit. 2, era 2.

juratum abebant; et nos judices, una cum saione et cum plures bonis hominibus, qui ipsa terminia cognitum abebant, circumdabimus ipsa terminia. Et est terminus unus, de parte occidente, usque in medio alveo Tedo; de alia parte, usque in rivo Literano; de tercia parte in strata francisca in petra fita (asci felses) (1); et de ipso terminio vadit usque in monte bovaria ad ipsa Elzina, sicut aqua vergitur; et inde subtus villare qui dicitur Arbutia; et inde vadit per ipsa ecclesiola que dicitur Fullonicas; et inde vadit per ipsos terminos qui dividit inter Prata et villare Avellaneto; et inde vadit per ipsa terminia ad ipsa pariete qui dividit inter Prata et Lusconem, et diviserunt per ipsam parietem ipsas villas Suniofredus et Argila comites usque in medio alveo Tedo, et terminalium ad ipsa villa Prata per petra fita pervenit in Luscone ad ipsa Elzina; et de ipsa Elzina vadit ad alia petra fita et l.....
terminaverunt ad ipse ville Prate ipsius caputaquis qui est in rivo Literano cum suo rego qui inde discurrit. Cumque tantam rei veritatem invenissemus, altercavimus inter nos et invenimus in lege gotorum (2): si quodcumque ante adventum gotorum de alicujus fundi jure remotum est, et aliqua possessione aut vinditione aut donatione aut divisione, aut aliqua transactione translatum est, in ejus fundi ad quod a Romanis antiquitus approbatur jure adjunctum, consistat. Cum autem proprietas fundi nullis fortissimis signis aut limitibis probatur, quid debeat observari eligat inspeccio judicantium quos parcium convencio eligerit, ita ut judex, quos certiores agnoverit vel seniores, faciat eos sacramenta prebere quod terminos sine ulla fraude demonstraverint. Terminos et limites lapides erigi fecimus sicut antiquitus constituerant. Cumque nos comes aut judices tanta rei veritate et justicia et veritate Sancta Maria invenissemus quod traditum habet per scripturas et per preceptum regale, ordinavimus saionem nostrum Argefredum, qui revestire

---

(1) *Sic* au cartulaire.

(2) *C. Wisi*, liv. X, tit. 3 era 5.

fecisset de ipsum alodem, cum omnes terminos suos, Longobardum mandatarium, sicut nos sircumdatum habemus; et congaudeant n nostro judicio illorum percepisse justitiam. Dato judicio sub die XI K. aprilis, anno XXV regnante Karolo rege.

S. GODMARUS, *alia manu* MIRO, *alia manu* BONISSIMUS, etc.

N° 2.

Extrait d'un inventaire très-vieux des possessions du monastère de La Grasse (N.-D. d'Orbieu), déposé aux archives de l'Aude, sans date. Elle flotte entre l'an 850 environ, où Prades fut donné à ce monastère (pièce ci-dessus), et l'an 898 environ, où Reguleta eut une cella, St.-Clément. (M. 23.) Cette dernière pièce n'est pas datée non plus; il faut la rapporter à Charles-le-Simple et non à Charles-le-Chauve; elle semble calquée sur celle que Le Simple donna à l'église de Gironne en 898. (M. 54.)

Par ce long tableau de ses possessions dans le seul comté de Roussillon, on conçoit que *N.-D. d'Orbieu* ait rapidement échangé ce nom contre celui de *La Grasse*, la riche.

.... In comitatu Rossilionense, monasterium S.i Stephani cum omnibus pertinentiis suis, et villa Stagello cum ecclesiis S.i Stephani et S.i Vincentii, et villam de Corneliano cum ecclesia S.i Martini, et villam Pediliano cum ecclesia S.i Felicis et S.i Saturnini, et villam de Fonte cum ec. S.e Marie, et allodium de Vilanova, et allodium del Solier Ferriol cum Molendinis, et villam Canoues cum ecclesia S.i Quirci, et allodem Tologias cum ecclesia

S.a Marie cum decimis et primitiis, et villam Ripasaltas cum ecclesia S.e Marie et S.i Andree, et allodium de Salsas, cum ecclesia S.e Columbe, et cum villari de Fontibus et Piscatoriis et Molendinis; et allodium de Judegas et de S.i Hypoliti, et allodium de Bugayranicis et de villa Otheasani, et Petra Calce, et de Troya, et de villa S.i Laurentii, et de S.a Maria de Aspirano; et villam Sendereto et villam Miralas in valle Asperi, allodem de Petra Alba, et allodem S.i Felicis de Ribeyra, et allodem de villa Milaris, et de villa de Nisifiaco, et de villa quam vocant Ila, et de Bula, et de Reguletta; et villam Torderias cum sua ecclesia, Coneges cum sua ecclesia scilicet S.i Stephani, et villa Rufiano, et Saysago, et Petra Ficta, et allodium de Vinarios et de Buscharon cum ecclesia S.i Michaelis, et allodium de Forchas, et de Lupiano, et de Lotas, et de Canadello, et allodium de Caulinago cum sua ecclesia. In comitatu Confluentis, villam Prata cum ecclesia S.i Salvatoris et S.i Petri, et allodium de Canova cum ecclesia S.i Martini, et allodium de Valle Mosset, et villam Elicio cum ecclesia S.i Vincentii, et ipsum alodem quem vocant Canaularia et Auclaneto et Launato et Lastone, et allodium de Aniano, et de Costa, et de Budas, de Samano et de Rupideyra, et de Terrades, et de Marcevol. In comitatu Cerdaniense villam de Rosset, et villam Rivars cum ecclesia sua, et villam Cuisal cum ecclesia sua, et allodem de Targassuna, et de Pardinella et de Emset, villam Beders, et allodem de Monclianense. In comitatu, etc., etc. Quod dedit et consesit Carolus Magnus impr., et quidam alii nobiles in remissionem suorum peccatorum, etc.

FIN.

www.ingramcontent.com/pod-product-compliance
Lightning Source LLC
Chambersburg PA
CBHW060505050426
42451CB00009B/833